AF451818

LE NAIF IMAGE DE L'ENVIE.

PRESENTÉ EN ESTRENES A TOVTE LA TRES-NOBLE

& antique maison de Meßieurs, Meßieurs les genereux Martels.

Par Frere Martin le Noir, Auguſtin Roüennois, Docteur en Theologie, en la faculté de Paris.

A ROVEN,

Chez Loys dv Castel, ruë aux Iuifs, à la Corne de Cerf.

M. DC. XI.

AVEC PERMISSION.

LE
NAIF IMAGE
DE L'ENVIE.

Presenté en Estrenes à toute la tres noble & antique maison de Messieurs, Messieurs les genereux Martels.

MESSIEVRS, Ce sont icy des Estrenes, non pour vous pronostiquer, ains desirer, le seul progrez & plus heureux succez, d'vne meilleure annee : Imitant l'antiquité qui de nous retrograde iusques à Cesar (si deuant ne fut son printemps & berceau) auquel (quoy qu'absent) les Romains appendoient des presens, en tels iours que nous sommes. *Equidem*

Romani, & omnes ordines kalendis Ianua-
rii strenam in capitolio, etiam absenti Cæsari
faciebant. Sueto. in octa. Aug. Vray est
que cest offre est petit, & aussi grand en
defauts , que souffreteux de graces.
Mais ce, me l'a vous fait offrir, comme
vn tout nud, à reuestir: ou s'il est vestu,
ce n'est que de lambeaux & haillons à
coudre, ou reparer: C'est vne plate peinture que vous daignerez releuer & ver-
nir par vostre fauorable acceptation:
N'estimans que ie pense vous offrir , ce
que ie vous rens comme vostre. Passez
donc vos yeux principalement (vous
oncles doctes) dessus ces tableaux, vostre bonté vous y incite & ma Muse
vous y en cite. C'est vne hapelourde,
qui mariee à vos doigts , pour en faire
alliance, auec vos yeux , sera plus esti-
mee qu'vne rose & brillant de diamans
au sein d'vne dame crotee , ou au pen-

nache d'vn mal-chauſſé courtiſan. Que
ſi vous ne le daignez lire, d'autant que
cognoiſſez mon aſſez rude ſtile, & ai-
griſſant diſcours, le plus ſouuent mal
empoulé; mon affaire ne laiſſera de pro-
ſperer, me promettant que ne l'empeſ-
cherez de porter voſtre nom, pour luy
donner vn eſclat de renom, & le re-
nommant, l'illuſtrera, l'illuſtrant, l'au-
thoriſera, l'authoriſant il paroiſtra, &
paroiſſant ainſi armé, il vaincra vn tas
de gaſtadours enuieux, ne redoutant les
dents de chien de Catme. O les braues
compagnons ! qui croiſſans comme
champignons, arpentent & courent la
campagne des vertus, & ne pardonne
leur dent critique, ſinon au vice, comme leurs yeux, reprouuent tout ce que
n'a fait leur main. Auſquels (s'ils m'atta-
quent) ie demanderay induces aimant
le repos : Et les enuoyeray par deuers

vous, ausquels appartient çest œuure,
par le mesme droit, que l'ouurier est vostre, où il ne seroit luy-mesme, ni Augustin, ni Roüennois.

Messieurs,

*C'est le reliquataire & obligé, de toute
vostre dite maison, desireux mourir au
seruice d'icelle,*

F. M. LE NOIR, *Augustin.*

De Gornay enuoyé à l'Imprimeur
le 16. de Decembre 1610.

A MONSIEVR, MONSIEVR

MARTEL, CONSEILLER
pour sa Maiesté au Parle-
ment de Rouen.

SONNET.

Vous mon poinct central, ie vay, ie cours isnel:
Tout aspire à son tout, & moy, à vostre gloire,
Pour m'abrier, i'y cours, plus viste que le Loire,
Car ie n'ay point trouué, de rempart qui soit tel.

Venant du beau riuage, auec les Muses boire
Ie seray poursuiui du médisant mortel,
Mais i'espere de luy obtenir la victoire,
Pourueu que i'aye en main l'écusson de Martel.

Sanson les Philistins occit, d'vne machoire,
Et moy les médisans, par ce nom immortel.
Mais t'en peux-tu vanter? Lecteur, tu le dois croire.

Ie le sçay, car ayant peint l'Antechrist cruel,
D'autant que ie le mis sur ce sacré autel,
Trois fois fut imprimé, en cedrine memoire.

A MONSIEVR, MONSIEVR
DE MONT-PINSON, SON
germain & tres-cher frere.

SONNET.

A Vous mon Apollon, docte Besson Parnasse,
   Iugement meur, rassis, ô deuot Mont-pinçon,
Bel esprit des sçauans, lequel plusieurs surpasse
En science diuine & grandeur de maison.

A vous temple des sœurs, ou la Minerue amasse
   Tous ses dons de vertu: i'apporte cet ourçon,
Afin qu'en le formant, luy donniez plus de grace,
Appriuoisant chez vous, ce flouet nourriçon.

Si vne fois sur luy il vous plaist ietter l'œil,
   Vous le verrez tout gay, comme vn ieune cheureil,
D'aise tout petillant. Mais c'est trop peu de chose.

Quoy ne l'acceptez vous? me causez vous ce dueil,
   Non, car me le promet vostre esprit trop bonasse,
Qui ne loge chez luy ni l'enui' ni l'orgueil.

A MESSIRE

A MESSIRE, MESSIRE FRANÇOIS MARTEL,

mon Mecœne tres-honoré.

STANCES.

I.

DE Pallas fils aiſné, & né dans les alarmes,
Des ennemis de France, épouuentable effroy
Qui ſouuent fut loüé, de noſtre plus grand Roy
Acceptez ce qu'eſt voſtre, vn bref amas de carmes.

2.

Vos ayeulx genereux, qui eurent tant de gloires
Vous laiſſoient au trépas, leurs triomphans Lauriers;
Surpaſſant de beaucoup, ces valeureux guerriers,
Ceſte gloire accroiſſez, vous comblant de victoires.

3.

Vray mignon de Bellon; car tels vous font au iour
Vos combats eſtimer, nous les laiſſant pour marques,
Si bien que voſtre nom, éclatte dans la Cour
Et ſe fait redouter, des étrangers Monarques.

4.

Fauory du grand Mars, exaucez donc ma voix
D'vn ray de ces ſplendeurs, redorant cet image,
Couchez deſſus, en or, des moreſques de grace,
Si ie vous ay prié d'ardeur, c'eſt ceſte fois.

5.

Achille de la France! ô FRANÇOIS, franc François,
Capitaine guerrier, d'vne ame Catholique

Tousiours, commē au passé, la saincte Eglise vnique,
Soutenez, maintenez, ses reigles & ses loix.

6.

Des Nobles genereux, vne élite hardie
En se ioignant à vous, chantoit vostre grandeur
Quand le haut Prince Comte, & nostre Gouuerneur
Ardemment desiré, vint voir sa Normandie.

A MA TRES-HONOREE

DAME, MADAME

Salam de Mouchy, tres-chere &
pudique espouse de mondit
Seigneur.

STANCES.

1.

FLore émaille les champs, des printanieres fleurs,
Bacchus les hauts costaux, du bourgeon de la vigne,
Ceres fait foisonner, la terre, de fruits meurs,
Et Dieu vous enrichit, d'vne vertu insigne.

2.

De Pallas la sagesse, eut, la belle Pandore
De Venus la beauté, mais non par ses labeurs
L'acquist, ni merita. Et par vos sainctes mœurs
Iesus Christ, vostre esprit, de sa grace redore.

3.

Le diâmant en l'anneau, donne lustre au metail,

L'estoc de Senarbont, & vostre ame pieuse
Sont l'honneur des Martels, & ils sont vostre émail.

4.

Ne vous étonnez donc si court agilement
Ce pourtrait à sa source, ou image à sa chasse.
Ne t'esbays Lecteur, si importunément
D'vn nom tant soleilleux, le renom ie pourchasse.

A MONSIEVR, MONSIEVR
FRANÇOIS MARTEL,
leur fils aisné, & tres-aimé.

STANCES.

I.

Les anciens peignoient és tapis & murailles
Les heroïques faits, les combats les batailles,
De leurs guerriers ayeulx, & hardis bisayeulx
Pour peindre le courage, au cœur de leurs nepueux.

2.

Mais vous auez le los, d'vn inuincible pere
La sagesse & pieté, d'vne prudente mere
Que vous imiterez, comme vn fils vertueux,
Ainsi que le promet, vostre cœur courageux.

3.

Il me promet aussi, que ne mespriserez
Ce racourci pourtrait, ains que vous le verrez
Aussi bien qu'au passé, d'vne œillade amoureuse
Ma these sorbonique, & plus laborieuse.

A MES TRES-HONOREES
DAMES, MADAME,
Madame de Houquetot. Et Madame,
Madame du Montyaulier.

SONNET.

Dames dont on cognoit la vertu, l'excellence,
Et l'esprit courageux, Parfaitement diuin.
O flambeaux radieux, du sexe feminin
Ie vous prie acceptez, mon humble reuerence.

Il m'a pris vn' humeur, de pourtraire vn lutin
L'enuieux fureteur, enflé de petulance
Pour l'offrir en Estrene & par recognoissance
Aux Martels triomphans de tous & du destin.

Puis donc que vous tirez, d'iceux noble naissance,
Ne rebutez, ce frele & rauallé present
Que i'appen humblement, à tout vostre alliance.

Prenez ce que vous a acquis tres-iustement
Monseigneur vostre frere: ou bien quelque oubliance
Il vous attribuera, tres-raisonnablement.

A MESSIEVRS ET CHERS
AVDITEVRS, MESSIEVRS
de Gornay, les preschant cest Aduent.

SONNET.

Qvand pour tracer ces traits, mon crayon i'appareille
Le Vautour de regret, me va rongeant le cœur
Ou mon deuoir attize, vne assez grande ardeur
De roidir tous mes nerfs, à nourrir vostre oreille.

D'autre part ie resens, vne gaye fureur
Embrasante mes vœux (de sembler à l'abeille)
Assemblant cire & miel. Donc à deux poincts ie veille
D'acheuer ce pourtrait, & prescher le Seigneur.

Mais vnique est la fin, de ces deux actions
D'extirper le peché, ou fomenter la grace
Afin qu'à nostre but, vous & moy paruenions.

Docte, cher auditoire, éteins tes passions
Et moy auec toy: Sus, qu'vn chacun arrache
Le vice, de son cœur, pour faire au Seigneur place.

PREFACE
ET ADVERTISSEMENT
EN PRIERE A L'AMY
Lecteur.

C'E s t bien dit, (amy) que ceſt image eſt en trop petite lame, pour eſtre appendu aux frontiſpices de ſi hauts temples, temples vrayement de vertu, d'honneur, & de gloire: & qu'auec eux tu n'attendois, de ceux de ma condition que des homelies ou diſcours ſur vn ſuiet plus ſerieux, n'eſtoit que ie ſuis excuſable, veu la debilité de mes yeux, mais prie Dieu, de les conſeruer, & ie te feray voir des ſermons, que la grace de Dieu m'a fait prononcer, ſur le Pſal. 22. Cependant ne foule aux pieds ceſte petite pite, que *feliciter audens,* ie compare à celle de Memnon.

> *La grandeur ne fait pas, vne ſphere plus ronde*
> *Et le cercle petit, n'a pas moins de rondeur,*
> *Moins n'eſt homme ou Chreſtien, le plus petit du monde,*
> *L'eſcu, vaut tant de ſols, & n'a tant de grandeur.*

Que ſi tu veux ſçauoir qui a cauſé ceſte étreciſ-fure, ie te diray librement, que ç'a eſté la crainte conceuë, que pour me recommander aux bon-

nes graces des valets de chambre, à la rèqueſte de
quelque ſage-fol, comme maiſtre Guillaume l'on
ne le condamne à la garde-robe. Parquoy ie l'ay
auorté, afin qu'au moins tu le liſe, & le liſant ne le
mépriſe tant, que s'il eſtoit plus grand.

Donc l'ayant leu, ſi tu t'en veux deffaire,
Le donneras à quelque apoticaire
Pour cornets faire, ou bien aux eſpiciers
Qui m'ont traicté: non la groſſe beurriere
Que ſéureras de ces petits cayers.

Ie te iugerois aime-choux, vn mignon de Bacchus qui cheriſſant autant la fueille Pampinee,
que ſa liqueur luy eſt delicieuſe, la refuſe aux
beurrieres quoy qu'elles ſoient plus fraiſches &
plus commodes, à ſeruir de ces enuelopes. Auſſi
n'engraiſſeras-tu, du gras ſalé des chair-cuitiers,
ce petit maigre volume. Au moins, (ſi tant peu tu
l'eſtimes) adiuge le aux encriers pour boucher
leurs phioles, à ce, qu'auec ſon autheur, il demeu-
re au ſeruice des Muſes. Eſt-il trop peſant à ta langue? mal empoulé, trop aigre, pour charmer tes
oreilles? tempere & adoucis le tout par la ſouue-
nance du nom qu'il porte, & que la grandeur de
ſes tuteurs, releue, ce qui y eſt raualé. Quand à
ſon ſuiet, n'en ſois ſcandaliſé, & n'en penſe que
bien: Quoy qu'il ſemble que i'ay, ou que ie veux
donner martel en teſte à aucuns. Quelque mé-
contentement l'a fourni d'encre (dira le zoïle)
quelque offence, dont il ne ſe pouuoit venger a
donné vol à ſa plume. Tu t'abuſe critique, il n'y a
rien en moy, que l'on puiſſe ambier ni enuier, que
la faueur de Meſſieurs, Meſſieurs les MARTELS,

laquelle plus prodigalement que librement ils accordent à tous leurs fidelles voüez. *Sed spes noſtra ſit , certa expectatio futuræ beatitudinis.* Qui t'a donc émeu (diras-tu) à nous ébaucher ce monſtre? qui t'en a donné l'idee ſi naïfue , qu'il ſemble qu'elle ne ſoit acquiſe, ains infuſe? C'ont eſté les helas, les élans des plaintifs , qui m'ont deſcouuert leurs playes, eſperant quelque remede onctueux de mes conſolations, & qui pourroient leuer la douleur de leurs cicatrices inueterees cauſees par la dent enuieuſe & médiſante. Et croy que i'en ay veu aſſez, pour me faire recognoiſtre euidemment, n'y auoir plus au monde, pour la fidelité cordiale, que diſſimulation, que l'ouuerture eſt cloſe, & que la feintiſe, tient les barres du deuoir. Ce m'a fait faire, ce crayon, à ce que tu t'en ſerue, pour la meſme fin, que ie l'ay dreſſé, & crois que ie n'ay filé ce fil, que pour t'aider, à te deſempétrer des chemins croiſément intrinquez, obliques & confus du dedale de l'enuie. Que ſi par cet image recognoiſſant ce cerberique chien, tu eſquiue ſa rage, pour ne luy ſeruir de curee, tu ſçauras gré à celuy qui te donne les moyens de cognoiſtre ce grondeur en cachette , honteux dans l'ame de ſa laideur. Ie dis(dans l'ame) car en face ce fraudulent eſt iuſte, ce brigand d'honneur bon guerrier, ce blaſpheme eloquent, comme auiourd'huy en France, ô deſaſtre: eſt l'vſure ménage, & le dol prudence raffinee, Adieu.

A MON-

A MONSIEVR, MONSIEVR

DV MONTYRAVLIER,
son filleul humble écolier, offre Salut.
F.F. le Blanc Augustin, Bachelier
en Theologie à Paris.

Monsieur excusez moy, que vous n'auez receu
De moy, semblables fruits, que cet autheur presente
A ses plus grands amis. C'est que ne suis qu'vne ente,
Ou si ie suis vn arbre, il n'est pas assez creu.

Monsieur i'atten tout prest, que la relante rouë
M'offre l'occasion, & par vostre faueur,
Ie rendray lors mon fruict à son libre arrouseur,
Qui l'a poußé en fleur, & cause qui se nouë.

A NOSTRE MAISTRE

LE NOIR, SVR SON
naïf Image de l'Enuie.

I.

IE vous appelle Apelles
A raison des plus belles
Inuentions qu'auez
Monstré, ces ans passez,
Traçant plusieurs libelles.

2.

Là sont coulez deux lustres
Qu'en vos escrits illustres
Auons veu le pourtrait
Naïf, peint d'vn hardi trait
De l'Antechrist infame.

3.

Puis sur vne autre lame
Tira vostre pinceau
Le racourci tableau
De la saincte & iuste ame,
Et suruaillant nouueau.

4.

Dans vne mesme annee
Vostre plume animee
Michel, le docte sainct
Mort, immortel à peint
D'vne viue sculture.

5.

Par vn autre cayer
Tu fais que tousiours dure
Le haut doyen Sequier,
Ainsi qu'en sa verdure
Continuë le figuier.

6.

Car écriuant en cedre
Son los, & son Laurier,
Vous monstrant fidelle estre,
Vous conseruez son estre,
Dont aurez grand loyer.

7.

Mais de tous vos escrits

Voici la quinte-essence,
Ici sont les esprits
D'vne belle science,
Dont ie suis tout épris.

Au Lecteur.

Donc en vain médira
L'enuieux plein de rage,
Car la teste il tiendra
Entre ceux de son âge
Et sa condition.

F. F. le Blanc, Augustin.

MENACE A L'ENVIEVX,
PAR VNE DES MEIL-
leures plumes de Gornay.

SONNET.

Œil demy mort de langueur qui te presse
  Pour la poison que tu porte au dedans
  Hideuse face, allaidie des dents
  Qui vont rongeant l'honneur d'autruy sans cesse.
C'est trop croupi dans la tarde paresse,
  Lasche subiet des esprits imprudens,
  Rauiue toy de desirs plus ardens
  De Charité, flambeau de ton adresse.
Si la noirceur dont le Noir t'a noirci
  Ne te fait peur enuieux endurci,
  Asseure toy d'vn' immortelle guerre.
A deschirer tu consommes tes iours,
  Vn ver caché te rongera tousiours
  Iusques à tant que tu mordes la terre.

L'AVTHEVR A L'ENVIEVX,
sur ceste bonne plume.

Hydre indompté, voici vne massuë,
Ces gouttes d'encre, on estime des feux
Retire toy, si ne veux que te tuë
Ce fort Hercule enceint des monstreux.

SVR LE NAIF IMAGE DE
l'Enuie, de mon grand amy abfent.

DV peintre Practixelle
Le Cupidon naïf
Ne fut pourtrait fi vif
Que ceſt image eſt belle.

On iugè aſſez à l'œil
Que d'Apelle l'ouurage
N'eſt tel que ceſt ouurage,
Qui n'a point de pareil.

On void euidemment
Prothogene admirable
N'auoir rien fait femblable
Ni Thimate excellent.

A ſon œuure parfait
Nul n'a donné la vie,
Mais l'image d'enuie
Vid, eſtant bien pourtrait.

L. de la Cour.

A MONSIEVR NOSTRE
maiſtre le Noir, en ſon abſence.

DE vous, n'écriuez pas, car ie vous croy ſi ſage
Que de tous les perils, vous allez au deuant
Si bien que prenoyant, preuenez le nauſrage
Et touſiours flo-flotez à vn propice vent,
Vous ne vous pouuez voir, en trauail ni en peine
Ayant Dieu pour azile & monſieur de FONTEINE.

A L'ENVIEVX.

SONNET.

PVis qu'ainsi tu te sens, ô meschant enuieux,
   Pour la vertu d'autruy, plein de dueil & de rage,
   Las qui pourroit compter tant (eut-il de langage)
   Quels tourmens suiuiront, tes actes vicieux.

O sur tous miserable! à qui fait mal aux yeux
   De voir autruy fleurir, & qui prens à dommage
   Sa vertu, son honneur, son bien, son aduantage,
   Et reçois de son bien, vn tourment furieux.

Hé qui pourroit porter, à ton mal medecine
   Estant caché tousiours, au fond de la poitrine
   Sans que le declarer, tu ose aucunement.

Mais quoy que soit l'enuie, inique detestable,
   Elle a cela pourtant, de iuste & d'equitable
   Que son pere elle ronge & perd premierement.

AV MESDISANT, FRERE
DE L'ENVIEVX.

SONNET.

Bien souuent de parler, mais iamais du silence
Ne suit le repentir, & qui voudra compter
Tous ses pechez commis, trouuera sans douter
Les deux parts de la langue, auoir prins leur naissance.

Par la langue on médit, on ment à toute outrance,
On iure & se pariure, & non sans se vanter
A flater son prochain, ou bien en détracter,
Ne seroit sans la langue, aucune médisance.

Vn des poincts qui nuit plus, à la deuotion
Et qui plus refroidit, la saincte affection
C'est quand de detracter, quelqu'vn ne se deporte.

Tout ainsi qu'il n'est rien, qui ait tant de pouuoir
De chasser la chaleur, que le baing, doit auoir
Que quand par trop souuent, on en ouure la porte.

QVATRAIN.

QV'est-ce là que i'auise & voy venir de loin,
   Si ce n'est la ridee & infame Lamie
Qui void tout, chez autruy, chez elle ne void rien?
Non, ce n'est-elle pas, car c'est la mesme enuie.

LE

LE
NAIF IMAGE
DE L'ENVIE.

1.

VIERGES qui habitez le mont à double
croupe
Si iamais vous m'auez (belle & sçauante
troupe)
D'Aganippe ou Permesse épanché la liqueur
Versez la maintenant, sur le vers, que ie trace
Rendez le si parfait, donnez luy tant de grace
Qu'il enchante l'oreille & rauisse le cœur.

2.

Helas vous ne pouuez ô chaste & saincte bande
Secourir un humain en affaire plus grande.
Prenez belles de moy quelque compassion
Empoulez, releuez, mes rithmes ie vous prie,
Et ta noble Maison, à qui ie les dedie,
Les lisant me voudra beaucoup d'affection.

D

3.

Que l'enuieux soit peint, soit cogneu, par ces carmes,
Détrempez les couleurs, auec les tiedes larmes.
De celuy, qu'on enuie, & accable d'ennuits
Le cœur, les yeux éteins, triste, morne, sauuage
Puis écriuez ces vers aux pieds de son image:
Ie verse aux vertueux des tourmens à pleins
muids.

4.

Des nobles grands flambeaux, acceptez ce fréle offre
Que les Sœurs m'ont choisi, du plus beau de leur coffre
Quoy qu'il n'ait merité, vn nom si glorieux,
Et qu'il ne soit sortable, à vostre los vnique:
Mais Xerxes aima mieux, l'eau d'vn pauure rustique
Que des Atheniens, les tresors precieux.

5.

Receuez cest escrit, ou ie tire & ie trame
Le propre de l'enuie; & si iuge vostre ame
Mes sens estre emportez, au ciel de vanité;
Ou que ie sois poussé, d'outrecuidance humaine
N'estant coulpable en rien, ne m'ordonnez la peine
Car ces vers sont tracez, pour fuir oysiueté.

6.

Enuie, ô enuie, ô monstre abominable
Quel hydre Lernean, quel spinx épouuentable,
Quel lare quel lutin, quel spectre de la nuict,
Quel dangereux serpent, quel horrible chimere,
Quelle rage, & fureur, quel demon, quel Cerbere
A ton estre difforme en ce monde produit?

7.

Tes yeux pleins de fureur, hagards roulent sans cesse
Un deuorant souci, qui superflu t'opresse
Tes membres consommant, les rend attenuez,
Tes dents sont de trauers, ta langue médisante,
Ton visage blafart, ton haleine puante
Et tes ongles sont longs, croches & dénuez.

8.

Comme un poulpe affamé, tu te ronge toy-mesme,
Le bon-heur du prochain est ta misere mesme
Sa misere au contraire est ta felicité:
Tu regarde de pres, ses actes ordinaires
Car iaçoit que tu sois, aueugle en tes affaires
Aux affaires d'autruy, tu as trop de clarté.

9.

Si quelqu'vn a gaigné quelque belle victoire
Tu feindras, (cauteleuse) auoir part à sa gloire.
Ioyeuse en apparence & marrie en effet,
Si tu le vas loüant, c'est auec telle ruse
Que tu brûle la méche afin que l'huyle s'vse
Rauallant de beaucoup l'excellence du fait.

10.

Tel capitaine a fait vn loüable exploit d'armes
(Se dira l'enuieux) vray est que des alarmes
Ses ennemis venoient de souffrir, les trauaux
Puis fortune preside, aux conquestes guerrieres,
Muable est le destin, les armes iournalieres,
Et si lon dit qu'en nombre, ils n'estoient pas égaux.

11.

Si poursuiuant le cours de la Theologie
Tu as nerueux forcé l'effort de ta partie
Subissant la rigueur, de plusieurs examens
La force as affoibli des doctes argumens
Si bien, que iustement t'appartient la couronne
L'enuieux en dépite alors qu'on te la donne.

12.

Ceux-là furent receus, mais ce fut par fortune,
Ceux-ci furent chassez, ah! ce fut par rancune
Tel en cueillant l'yuroye arrache le forment:
En sarclant le iardin, il arriue souuent
Que la bonne herbe on prend, laisse-on la mauuaise:
Ainsi de tous médit, feignant que tous appaise.

13.

Ce poëme est fort beau, tissu de riches termes
Le stile est élegant, ses contre-pointes fermes:
Mais il semble estre obscur, en sa conception,
La veine de ces vers, est assez naturelle,
C'est dommage, qu'il n'a l'inuention plus belle
Mais tous n'atteignent pas à la perfection.

14.

Ainsi ce vieil Prothee, en tous sens se transforme,
Ce bizarre Pelippe est apte à toute forme
Ce fin Cameleon, reçoit toutes couleurs
Ce Carneade sçait, le faux & le vray dire
Et pour faire aualler, le fiel, de son médire
Il le couure du miel, de ses propos flateurs.

15.

Sa censure est tousiours de loüanges couuerte
Mais c'est un petit gain, qui traine une grand' perte:
Ce prompt éclair d'honneur, est bien tost obscurci:
Il mesle un peu de bled, pour vendre son yuroye
Et ce qu'il dit de bien, est, afin que l'on croye
Que ce qu'il dit de mal, est veritable aussi.

16.

Plus finement encor ce critique se iouë
Car pour blâmer la chose extrémement il louë
Ce qui est d'accessoire, & non l'estre parfait:
Comme s'il veut blâmer, un tableau de peinture
Il vantera si fort le bois & l'enchassure
Qu'on void bien, qu'il en va mesprisant le portrait.

17.

Le corbeau n'est point tant auide, de charongne,
Le crapaut du venin, des serpents, la cigoigne,
Les chenilles des choux, ni le bouc, du raisin,
La taupe n'aime tant les demeures obscures,
Et le sale pourceau, n'aime tant les ordures
Comme aime l'enuieux le mal de son voisin.

18.

Comme l'œil chassieux, plein de vile matiere
Ne peut souffrir l'éclair, d'vne grande lumiere:
L'enuieux ne peut voir l'accroissement d'autruy,
A ses perfections il porte enuie extréme
Mais il les aime tant, qu'il les veut pour luy-méme,
Hayssant au prochain, ce qu'il cherche pour luy.

19.

Un Thersite difforme, en laideur effroyable
Dira que sert d'orner, la beauté perissable.
Un ignorant ira l'ignorance prisant:
Un beliſtre voudra trancher du Diogene,
Foulant aux pieds le faſt de la richesse humaine
Mais il voudroit tenir, ce qu'il va méprisant.

20.

Pour rien ie ne voudrois, n'estre ne ioli poëte
Dira quelque lourdaut qui a l'ame mal faite
Et inepte aux helans de si gentille ardeur.
Le geant nommera, le petit, vn Pigmee
Et l'effronté rira de l'honneste pudeur,
Le nain appellera le grand, fils de Cadmee.

21.

Si tu aimes à boirè, aux ondes d'Ippocrene
La grenoüille d'enuie, ordira la fontaine,
Et pour t'en dégouster en troublera les eaux.
Ainsi fait le Satyre aux sources d'Arcadie
De peur que des bergers la troppe agaillardie
Boiue ces emperlez, & emparlez ruisseaux.

22.

Mais il me semble oyant, ces enuieux infames
Que i'oy des impuissans, qui blasonnent les femmes
Des vieillards refroidis, qui regrettent l'amour
Des begues se mocquer, des langues plus disertes
Dégouster, mépriser les mouuemens alertes
Et des aueugles dire, il ne faut point de iour.

23.

Ie pense oüir encor, la pie iazerèssè
Blâmer du rossignol, la chanson charmerèssè
Comme un vieil asne brun, en mangeant ses chardons
Se mocquer du cheual, & dire par brauades
I'aime mieux estre un asne entre les bastonnades
Que d'estre un beau cheual, entre deux éperons.

24.

O renart cauteleux! ta ruse est découuerte
Quãd la meure est trop haut, tu dis qu'ell'est trop verte
Iamais au chat-huan, le iour ne semble beau
Au hibou n'est iamais l'œil de l'aigle, admirable
La vitesse du cerf, à l'ours n'est agreable,
Et la blancheur du cigne, est fâcheuse, au corbeau.

25.

S'il entend déclamer, quelque docte harangue
Il ne prisera point, la grace, ni la langue
L'ornement du discours, les paroles de choix
Le vif persuader, la science naïfue
Mais dira seulement, par feinte admiratiue
O que cest orateur a une belle voix!

26.

Mais c'est un grand plaisir, de voir ce personnage
Reciter en public d'un autre un bel ouurage:
Car si l'œuure est bien fait, vous le voyez paslir;
Et si manque d'un poinct, à l'instant il s'arreste,
Il fronce le sourci, il va crollant la teste
Et ne sçait enuieux, en quel poinct se tenir.

E

27.

Si tu as fait du bien,& que seul il le sçache
Ne crains pas qu'il l'éuente,ains pluſtoſt il le cache
Et tant qu'il peut en va la memoire étouffant.
Mais ſi tu fais du mal,il en fait des merueilles,
Un chacun le sçaura,ſi tous ont des oreilles
Et ſouuent d'vne mouche il fait vn élephant.

28.

Si tu as vne femme honneſte,chaſte & ſage
Le ialoux enuieux,dira,c'eſt grand dommage
C'eſt vne marguerite en lauge du pourceau.
Si c'eſt quelque Lays ou quelque Flore inſigne
Il dit que c'eſt ta faute,ou que tu n'es pas digne
De poſſeder tout ſeul ce precieux ioyau.

29.

As-tu l'humeur gaillarde,il dit que c'eſt folie:
Es-tu graue & poſé ce n'eſt qu'hypocriſie:
Si tu es liberal c'eſt prodigalité:
Ta frugalité n'eſt qu'vne ſale auarice.
Ainſi tu n'as vertu,qu'il n'eſtime eſtre vice
La détournant touſiours vers ſon extrémité.

30.

Bref au verre n'est tant propre le diaphane
Tant propre ie ne crois, le ricaner à l'asne
Le rugir n'est si propre, au lion furieux
Le mugler au taureau, le ronfler aux baleines
Le mioler aux chats, le coaxer aux reines
Comme la médisance, est propre à l'enuieux.

31.

Si vn riche & vn pauure intentent en iustice
Leur querelleux procez. L'enuieux par malice
Plaidera pour le pauure, encor qu'il ait le tort
Sera-ce pour le lucre, ou par misericorde?
Non, mais pour fomenter, & nourrir leur discorde
Il renforce le foible, & affoiblit le fort.

32.

Supposez deux esprits inegaux en doctrine
Et que de leur sçauoir, l'enuieux determine
Tousiours à l'ignorant, il donnera le prix
Afin qu'apres pouuant mieux blasmer & reprendre
L'ignorant que le docte, il face à tous entendre
De combien son esprit, passe ces deux esprits.

33.

Mais sondons plus auant, ce serrail plein d'enuie
Leuons le masque double, à son hypocrisie
Nous n'auons encor veu, ce monstre qu'à couuert.
Examinons de pres, les traits, de son image,
Que di-ie on ne cognoit l'enuieux au visage
Iamais on ne peut voir vn traistre à descouuert.

34.

Le ver ronge-pepin s'aime au creux de la pomme:
Le venin aualé cherche le sang de l'homme:
Le traict mieux décoché attaint droit dans le cœur:
Ainsi le traict, le ver, le venin de l'enuie
Transperce, ronge occit, premierement l'honneur
Car l'honneur est le centre & le cœur de la vie.

35.

Tousiours les vents le font beugler la mer émeuë:
La roideur des torrens peu à peu diminuë:
Les plus sanglans combats, se terminent en paix:
Toute chose prend fin, nos passions finissent:
La haine & le haineux en mesme temps perissent:
Et l'enuieux meurt bien, mais l'enuie iamais.

36.

Tandis que le bon-heur, te fait boire à sa coupe:
Que la nef de ta vie, à tousiours vent en poupe:
Que les biens de fortune, excedent tes desirs,
L'enuieux ne vomist, son venin, qu'en cachette:
Ce chien n'abaye point, sa morsure est secrette
Et ne fait que de loin menacer, tes plaisirs.

37.

A qui mieux comparer, dy (Lecteur) ie te prie
Qu'à la flotante nef? pourroit-on nostre vie
Ce monde transitoire est l'inconstante mer
Les vents sont nos desirs, le temps est le nocher
Les syrenes, flateurs, les orages, l'enuie
Dont elle est agitee & tousiours poursuiuie.

38.

La prouë est la vigueur, qui glissante fend l'onde
La poupe la faueur le bon aduis la sonde
L'arbre la saincte croix, & l'enuie est le ver
Qui perce le vaisseau, & le perd en la mer.
La foy, le gouuernail, l'ancre, nostre esperance
Et le puant lossec, l'impure médisance.

39.

Nostre port desiré, est la gloire immortelle :
Le verbe reuestu de nostre peau mortelle
Est le nort asseuré. Et la confession
Pompe, les instrumens de sa grand' passion
Sont les cordeaux diuers, & les renforcis cables :
Les prieres des saints, nos phares fauorables.

40.

Comme vn poltron soldat, s'enfuit & perd courage
Voyant ses ennemis d'vne bouïllante rage
Fondre dans l'espesseur des scadrons mieux armez.
Mais s'il les void fuir, & qu'il aye du pire
Alors ce Rhodomont, ne se lasse d'occire
Et se monstre vaillant, entre les desarmez.

41.

Ce herisson bifforme, est la mesme innocence
La debonnaireté, s'il est à ta presence :
Sinon, il te produit, il te condamne & pend
Il confisque tes biens, te iette à la voirie
Ton mal resiouit son ame, & feint qu'elle est marrie
Bref il n'est ton amy si tu n'es pas absent.

42.

(forte

Au champ de tes honneurs, tant que la haye est
L'enuieux n'entre point; mais si un vent l'emporte
Lors que quelque infamie a soüillé ton renom,
L'affamé piccoreur, viste sur toy se iette:
Il épluche tes mœurs & ta vie il furette,
Et visite, impudent, les coins de ta maison.

43.

Si la main de iustice à prise sur ta vie
Las qui dira combien, ceste maudite enuie
Tend alors de filets, va de pieges dressant:
Tes enuieux hautains bannissent toute feinte
S'ils peuuent promptement, forgent plainte sur plainte
Et de tes iuges vont le courroux aigrissant.

44.

Bref penser exceller, sans enuieux, au monde
C'est appuyer ses pieds, sur une boule ronde
Trauerser l'Occean, dans un basteau percé
Se tenir à la mousse & luitter sur la planche
Se pendre à un filet, voltiger sur la branche
Et courir indiscret sur un fleuue glacé.

45.

Tu n'auras des amis, sans enuieux peruers
Le Soleil souffre eclipse & l'amitié malice :
Au miel de nos plaisirs, le fiel de mal se glisse
Le voile de fortune à tousiours son enuers :
On trouue peu souuent de calme sans tourmente
De rose sans espine, & de mont sans decente.

46.

L'homme ici sans peché est celeste en la terre
Clair au milieu des nuicts, paisible dans la guerre
Beau dedans la laideur, saint en l'impieté
Libre dans la prison, constant dans l'inconstance,
Sans peril, au peril, puissant dans l'impuissance
Parfait dans le defaut, pur en l'impureté.

47.

Celuy qui constamment est du bien amoureux
C'est un beau lys neigeux, d'une sale racine
D'un rosier épineux la rose sans épine
Si plus l'enuie est grande, il est plus vertueux.
Si de son bien accreu, l'enuie est l'origine
Ie le di diamant de la roche marbrine.

48.

Tu pense voir meurir les fruits de ta science
Mais trompé les (abbat) l'enuieuse ignorance,
Va, aymant la vertu, & cheris l'equité
L'enuie exalte tout, tout charge en vanité.
Phinee teurd sa corde, & son asne la mange.
Ce qu'est rosee en l'air, n'est au paué que fange.

49.

L'enuieux alteré d'une soif Tantalique
Pour étancher sa soif, mieux qu'une sangsuë, picque:
Se plaisant, se repaist, au sang de ton honneur
Et repaissant, se plaist à baisser ta grandeur.
Il repose en fatique, & rien n'estime peine
Pourueu qu'au desespoir, cest inhumain te meine.

50.

Tu ne m'es ridicule ô peintre, ny étrange
Quand ie te voy donner, poil, plumes, pieds aux Anges
Ni quand tu peins la mort, une carcasse d'os:
Mais las! tu as grand tort, luy peignant sur le dos
Une biere, & en main, une faux tranche-vie,
Oste luy moy cela, baille le à l'enuie.

DIALOGVE ENTRE
l'Autheur & Lecteur.

L'Autheur.

1.

AS-tu veu mon Lecteur, les muscles les arteres,
Le poil tout herißé, les yeux & les paupieres,
Le nez puant, la bouche & les pendantes peaux
De Pluton, qui d'vn bien, tire dix mille maux.

2.

Par sens metaphoric, ainsi ie la compose
Puis que de feu elle est, & du malheur éclose
N'ayant ni chair, ni peau, poil, nez, yeux, front, ni os.
Et si aux vertueux elle oste tout repos.

Le Lecteur critique.

3.

Pourquoy employes-tu en vain, tant de couleurs?
Pour tirer au plus pres, ceste monstreuse etique?
Tousiours elle est chez tous, en disgrace & faueurs
De vice & de vertu se faisant domestique.

4.

L'image de vertu plustost deuois tailler
Non l'esprit des pechez, l'enuie inique impure
Outre qu'estant par tout, c'est en vain trauailler
Car d'vn suiet present, il ne faut de peinture.

L'Autheur.

5.

Ce chien est domestique! en tous lieux est ce monstre!
Ouy: mais quoy que tousiours soit auec toy ta monstre

Tu ne vois pas pourtant, ses trepidations
L'enuieux cache plus, au cœur ses passions.

6.

Plusieurs furent trompez au rideau zeuxin
Tous deçoit ce madré paroissant tout diuin
Quoy qu'il soit des meschans, le pecheur plus enorme
Il ressemble pourtant au Prothee multi-forme.

7.

Lecteur, ie ne t'ay peint la phisionomie
Du chetif enuieux, ains i'ay pourtrait l'enuie
Et tiré ses rideaux, pour te la faire voir
Premier voy ceste loue & n'aura de pouuoir.

8.

Voy donc par ces sixains comme par des medailles
L'enuie & l'enuieux, au dedans des entrailles,
Ils te soient vn ploton pour enseigner tes pas
De ce deuore-honneur, ne seras le repas.

9.

Par ces pages tu vois que ne queste l'enuie
Sinon l'homme parfait, son renom & sa vie
Qu'on ne peut euiter son mielleux-aigre fiel.

SIXAIN.

Tu ne m'es ridicule, ô peintre ni étrange
Quand ie te voy donner, plumes & pieds à l'Ange
Ni quand tu peints la mort vne carcasse d'os.
Mais las tu as grand tort de mettre sur son dos
Vne biere & en main vne faux coupe-vie
Oste luy donc cela & le donne à l'enuie.

Semble deuant les yeux
Du felon enuieux
Que vertu & science
Soit folie ou demence.

LEcteur veux-tu voir des autres traicts de l'enuie , par les doux & vifs pinceaux des au-
theurs plus fameux. Va à S. Basile qui en fait vne
homelie, où il dit que le propre mal de Satan est
l'enuie qui ne peut ni se declarer , ni admettre
aucun remede. Celuy qui est cephalique , ayant
grande douleur de teste expose son angoisse au
Medecin: Mais le tourmenté d'enuie que dira-il?
Les biens de mon prochain me sont vn trauail
ennuyeux , rien n'empesche que le feu ne s'aille
petillant par les soupirails d'Etna, de Stroly , ou
Montgimel; mais la vergongne honteusement arreste ces plaintes insolentes du bien d'autruy.

Et le sublime Prosper l. 3. *de vita cont. cap.* 9. pe-
sant la grauité de ce vice dit, Considerez auec autant d'attention, que d'admiration combien sera
rigoureuse & seuere la punition des enuieux,
pour leurs maux, veu que les biens d'autruy sont
leurs bourreaux, car ou pourront-ils estre faits
bons, puis qu'au bien, ils sont mauuais ? Les glo-
rieusement genereux martyrs, ont supporté, auec
grande patience, l'effort insupportable, des dou-
loureux tourmens, mais ils faisoient vn échange
vsurier de leurs encombres tyranniques au loyer
eternel; commutant les choses terrestres aux ce-
lestes, & partis qu'ils sont, du bon vsage des maux
temporels, ont attains les eternels : Au contraire
l'enuieux vse mal des biens , d'autant que sub-
strait & priué des biens qu'execrablement, il ab-
horre, en autruy, il est laissé pour estre affligé en
l'ame. Mais qui le pourroit secourir en ceste ex-

trémité, veu que luy-mesme comme vn Prothee
fait l'office de bourreau contre soy? Et qui plus ô
desastre! comment acquerra-il son salut, s'il vse
sa matiere d'iceluy, sçauoir le bien, à sa damna-
tion. Voy Tite Liue *de zelo & liuore*. 2. *Gregor. Na-*
zia. orat. de seipso.

Garde toy cependant de cest oiseleur & de ses
glueux filets. Represente toy vn Argus aux cent
yeux, (c'est pour bien voir & découurir de loin)
que la melodie de l'enuie flateuse endormit.

Quamuis centum oculos habeas, totidemque ministros
Quis sibi ab insidijs caueat, si fraude tegantur?

QVE LE VERTVEVX, NE
peut estre offencé par l'enuieux.

SONNET.

SI la grande beauté, si la douceur exquise
   De vertu se pouuoit découurir, à nos yeux
   O l'amour tres-ardent, & desir merueilleux
   Dont nostre ame en seroit, & nuict & iour éprise.
Et si ne faut penser, que la beauté luy nuise
   Ni la force & vigueur. Car vn cœur vertueux
   De nul homme ne craint le regard furieux
   La menace enuieuse, ou maligne entreprise.
Qui veut causer aux bons, du mal & destourbier
   Il veut à coup de paille amortir vn brasier
   Et voulant l'amortir, de plus en plus l'augmente.
Le feu s'en fait plus grand, & la paille se perd
   L'enuieux se consomme, & sa malice sert
   A rendre la vertu des bons plus reluisante.

QVE L'ENVIE PASSE TOVTE AVTRE misere.

SONNET.

Plustost i'aurois compté des saisons printanieres
Les fleurs & les espics des plus riches Estez
Plustost i'aurois du ciel, tous les flambeaux comptez
Que nombré ie n'aurois les humaines miseres.

Le corps est assailli, de douleurs tres ameres
De mille & mille maux, mille incommoditez
De faim, de froid, de soif, de mille aduersitez
Puis il sent de la mort, les attaintes dernieres.

L'esprit semblablement, souuent est bien troublé,
Or il est en fureur, or il est accablé
D'ennuis & mille peurs, sans aucune apparence.

A haine il est suiet, à l'enuie, aux trauaux
Et le pis que ie trouue en luy de tous ses maux
C'est que de l'enuieux, il n'a la cognoissance.

CONSEIL A CELVY QVE
l'on enuie & offence.

SONNET.

EN vain s'eſtime grand, en vain braue & ſe vante,
  Qui faſché par quelqu'vn, ſoudain entre en fureur
  Alleguant que pour eſtre eſtimé de grand cœur
  D'vn enuieux ingrat, il faut qu'on ſe reſente.
Non, non, il eſt petit. Car qui tànt ſe tourmente
  Et court pour ſe venger, & en bruſle d'ardeur,
  Ne monſtre en ſe faiſant, vn acte de grandeur
  Ains d'vn homme petit, & que petit ſe chante.
Donc afin d'eſtre grand, ſçais-tu qu'il eſt beſoin
  De faire? il eſt requis de rebuter au loin
  Toute ardeur de l'enuie, & deſir de vengeance.
Que ſi tu veux attaindre à la perfection
  De ne craindre l'enuie, il eſt de queſtion
  Meſpriſant l'enuieux, quand à tort il t'offence.

AVTRE CONSEIL.

QVATRAIN.

Que le Dieu tout puiſſant, ſoit ton nort & midy,
Pour (cinglant à bon port) éuiter tout naufrage
En dépitant heureux, des boraſques l'outrage
Et le monſtre enuieux, d'vn courage hardy.

FIN.

A MONSIEVR LE BAILLY
DE ROVEN OV SON
Lieutenant.

SVpplie humblement Frere Martin le Noir, Religieux, Augustin, de cestedite ville, Docteur en Theologie en la faculté de Paris, qu'il luy soit permis faire Imprimer vn petit Liure intitulé l'Image de l'Enuie, deuëment approuué. Et ce par quel Imprimeur que bon luy semblera, & sera bien fait.

Fr. Martin le Noir, Augustin.

Soit fait ainsi qu'il est requis. Fait ce vingtquatriesme Nouembre, mil six cens dix.

Signé,   DE PARMENTIER.

APPROBATION.

I'Ay soubs-signé Frere Arthus le Marchant, Docteur en Theologie, en l'Vniuersité de Paris, & du Conuent des Freres Prescheurs de ceste ville de Rouen, confesse que ce present Liure nommé l'Image de l'Enuie, est tres-vtile au public, & partant l'ay iugé digne d'estre mis sur la presse. Fait à Rouen ce 25. de Nouembre 1610.

LE MARCHANT.

A L'ILLVSTRE, ET DEVOTE
Maison de M. Meſſeigneurs les Martels.

SONNET.

La Mer pluſtoſt ſe trouuera ſans ondes;
 Sans oyſeaux l'air, & le Ciel ſans flambeaux;
 Que mes eſcrits n'admirent les ioyaux
Deleurs MARTELS, *pour leurs vertus profondes.*
D'vn Achillés les victoires fecondes
 Qu'Homere chante; Apellés en Tableaux
 Son Alexandre: Mais vos traicts Martiaux
Sont croniquez aux cœurs de mille mondes.
 La pieté de vos nobles Ayeux
 Commence en terre, & ſe finiſt aux Cieux:
Voila le los des illuſtres MARTELS.
 Delà l'enuie, & delà l'enuieux,
 Que ie depeins en ce liuret ioyeux,
Pour l'eſtoffer de Lauriers immortels.
M.M.L.C.D.V.I. De Gornay.

L'autheur repartit au premier Quatrain.

IE ne ſuis ſeul (fauory de Bartolle
Grand Eſculape, égal aux Cicerons)
Ie ſçay pluſieurs pindariques clairons
Aux mots dorez plus que n'eſt le Pactole
Qui vont diſans, touſiours nous chanterons
Les preux MARTELS comme Achille Patrocle

LES HABITANS DV PORT
S. Ouen, & autres lieux voisins.

I'en voulon estre aussi nos autres villageais,
Pour chanter le renom de ches Signeurs courtais,
Car attendant le Prïnche, auec grand' Noblesche,
Nos villages raudest, sans nos faire destresche.
    D'icheux est tres-content vn chacun d'entre nous
Ie prion Dieu pour eux, & dison à tretous
Qu'ils sont tous bons Signeurs, & que pas d'vne maille
N'ont fait tort au pays, mesme ils pòyest la paille.

A MꝯNSIEVR LE NOIR,
Docteur en Theologie, Augustin & Predi-
cateur en nostre ville de Gornay, sur
son Image de l'Enuie.

Pibrac ne veut dépeindre l'enuieux
Disant qu'il est de soy le bourreau mesme
Mais le voici, pourtrait malicieux
Et de vertu, l'ennemy plus extréme.

P.B. De Gornay.

LES EPITHETES
DE L'ENVIE.

ENuie, factieuse, mille-forme, infame née, effroyable, haineuse, affreuse, voilee, punissable, pernicieuse, mensongere, effrontee, affronteuse, aime-vice, odieuse, masquee, secrette, mutine, hardie, sanglante, dommageable, detestable, fleau des vertueux, inhumaine, calomnieuse, iniurieuse, langarde, indiscrette, forcenee, impitoyable, detracteuse, terrible, seuere outrageuse, angoisseuse, tyrannique, tortionnaire, concussionnaire, griefue, attroce, mordante, conuoiteuse, babillarde, iniuste, peruerse, rongearde, soucieuse, opiniastre, aduersaire, mau-piteuse, embrasee, disgratieuse, déreglee, desordonnee, immoderee, passionnee, dédaigneuse, fiere refrongnee, traitresse, immortelle, maigre, mange-vertu, suffoque-bien, enragee, eneruee, serpentine, edentee, viperine, brutalle, poignante, brûlante, pasle, bourrelle, dépite, sale, ialouse, ancienne, infernale, plutonique, prothéenne, aueugle, furieuse, campagne & compagne de vertú.

Inuidia Siculi non inuenére tyranni. Maius tormentum.
Tigris periit eo quod non haberet prædam Iob. 4.
Paruulum occidit inuidia. 5.

LEcteur fi tu as paffé les yeux fur ce que deuant , tu as cogneu qu'à mon abfence il a
fouffert la preffe, fans correcteur qui le defchar-
geaft de fes fautes, que i'ay épluchez à mon re-
tour comme tu peux voir, par ce carton que i'ay
fait adioufter, depuis le tout imprimé.

ERRATA.

pag. 5. ligne 13. lifez Cadme. pag. 8. lig. derniere lif. l'enuie ni l'orgueil. p. 9. l. 4. l. N'eut de pareil en foy. p. 16. l.
9. ofte &. p. 17. l. 5. l. roulante. p. 18 l. 17. l. faites. p. 19.
l. 10. l. Et toufiours fleurira. p. 21. l. 9. l. Image. p. 29. l. 14.
l. Polyppe. p. 31. l. 13. l. né. p. 32. l. 17. l. les goutteux. p.
41. l. 4. l. exalle. en la page 43. vne ligne qui manque, apres
la ligne 17. Et qu'elle eft de vertu l'immortelle ennemie.
note le fixain repeté. p. 44. l. 10. l. faille.